O PROBLEMA É VOCÊ!
Como passar de vítima a autor de sua história

Márcia Goldschmidt

O PROBLEMA É VOCÊ!

Como passar de vítima a autor de sua história

MARCIA GOLDSCHMIDT

bubok
EDITORIAL

© Márcia Goldschmidt
© O problema é você! Como passar de vítima a autor de sua história

ISBN papel: 978-84-685-3844-0
ISBN PDF: 978-84-685-3846-4

Impresso em Portugal / Printed in Portugal
Editado por Bubok Publishing S.L.

Reservados todos os direitos. Salvo exceção prevista pela lei, não é permitida a reprodução total ou parcial desta obra, nem a sua incorporação a um sistema informático, nem a sua transmissão em qualquer forma ou por qualquer meio (eletrónico, mecânico, fotocopia, gravação ou outros) sem autorização prévia e por escrito dos titulares do copyright. A infração de ditos direitos implica sanções legais e pode constituir um delito contra a propriedade intelectual.

Dirija-se a CEDRO (Centro Espanhol de Direitos Reprográficos) se precisa de fotocopiar o digitalizar algum fragmento desta obra (www.conlicencia.com; 91 702 19 70 / 93 272 04 47).

Sobre a autora

Márcia Goldschmidt começou sua carreira como *matchmaker* e fundou, no Brasil, a Happy End, consultoria em relações afetivas, onde foi considerada o Santo Antônio de Saias do país. Formou quase 2000 casais.

Sua profunda conexão com o sentimento humano e empatia com os dramas existenciais levou-a para a frente do vídeo, tornando-se uma das maiores apresentadoras de televisão brasileira.

Um ícone de sua geração, ficou conhecida pelo bordão: "*Mexeu com você, mexeu comigo.*"

Em 2011, muda-se para Portugal, onde, já com 50 anos, torna-se mãe de gémeas. Uma delas, devido a condições adversas em neonatologia, precisou recorrer a um transplante de fígado aos 13 meses.

Sempre em constante aprendizado e busca por evolução pessoal, Márcia usa os constantes desafios de sua própria história como inspiração para a comunicação motivacional.

Com o programa PIT – Provocar, Inspirar, Transformar –, desenvolveu um método de comunicação que oferece uma nova leitura e um novo olhar sobre aquilo que denomina "o jogo da vida".

Em seu quarto livro, a autora traz uma amostra da sua visão realista e consciência de alta *performance* num texto curto, prático e objetivo, em ressonância com a vida moderna, onde o tempo é escasso e a necessidade de resultados cada vez maior.

Para ela, a vida é vencer ou vencer – e isso nada tem a ver com o que você está pensando...

Contactos da autora
    Instagram: @marcia.golds
    Twitter: @programamarcia

Às minhas filhas ... que me ensinaram através da força do amor materno a transformar grandes problemas em grandes Vitórias

Como você define sua vida?

Uma história de sucesso ou fracasso?

O que falta na sua vida para ser realmente feliz?

Índice

O PROBLEMA É VOCÊ!..15

O PROBLEMA SOU EU?...17

O QUE É UM PROBLEMA? 19

A VÍTIMA E O AUTOR 39

AS QUATRO ESTAÇÕES 61

RESISTÊNCIA..67

O PROBLEMA É VOCÊ!

Passando de vítima a autor de sua história.

Eu escrevi esse livro para mim e vou partilhar com você. Não pretendo ditar regras nem mostrar a verdade sobre a vida, que infelizmente ainda desconheço.

Quero lhe falar de tudo que aprendi, vivendo e lutando, daquilo que eu sei. Talvez faça um enorme sentido para você e o ajude a sair de uma existência menos prazerosa que a merecida. Talvez não dê todas as respostas, mas lhe apresente alternativas. Talvez você aceite - talvez você recuse... mas com certeza, nesse caso, o problema é você!

O PROBLEMA SOU EU?

Um dia, no auge dos meus 50 e alguns anos, resolvi pensar um pouco mais que o costume na vida... (ah, essa maldita mania). Percebi então, ao repassar minhas memórias, que minha vida, na maioria do tempo, se resumia a uma batalha incessante para solucionar problemas... Um problema atrás do outro.

A percepção dessa realidade desanimadora, dessa luta tão sofrida, não me agradou nem um pouco, claro. Pensei: mas será que é só comigo que a vida é tão dura? Será que eu sou um ímã de pessoas e situações dolorosas? Será que meu destino é mais pesado e cruel do que o da maioria das pessoas?

Pensando nisso, decidi olhar um pouco à volta e vi que a maioria das pessoas vivia na mesma roda-viva que eu. Uns tempos de calmaria vs. uns tempos de guerra (problemas), ou pouco tempo de calmaria vs. muito tempo de guerra (problemas).

No meu caso, a vida resolveu jogar pesado e me deu muitos problemas. Se bem que, dessa vez, eu considero que ela, a vida, tenha exagerado na dose. Afinal, no auge dos 50, eu merecia um pouco de paz.

Paz? Será mesmo que eu estava definindo bem as coisas? Ter paz é igual a não ter problemas? Ser feliz é igual a não ter problemas? Mas, afinal, existe gente que não tem problemas?

Indagado sobre o que faria se tivesse apenas uma hora para salvar o mundo, Albert Einstein respondeu:

"Eu gastaria 55 minutos para definir o problema e 5 minutos para resolvê-lo."

O QUE É UM PROBLEMA?

Conceito de problema

Um problema pode ser definido como uma questão a que é necessário dar resposta. Quando surge um problema, é necessário pensar de forma a encontrar uma solução para o mesmo. Para alguns problemas já existe solução, contudo a mesma é desconhecida para a pessoa que está na situação problemática - a ausência do saber ou carência de informação é a razão para a existência do problema. Existem, contudo, outros problemas para os quais ainda não há solução - para estes é necessário descobrir ou inventar uma nova solução. Existem ainda problemas que apenas cada um pode resolver.

Essa é uma das inúmeras definições de problema, mas em geral, infelizmente, nem precisamos de ir ao dicionário para saber. Problema é algo que todos sabemos e já sentimos na pele o que é: dificuldade, barreira, empecilho, incômodo, etc. E tenho a certeza que, embora você possa não ter uma definição teórica de "problema", você tem uma experiência prática de "problemas".

Problema, na minha definição pessoal, é tudo aquilo que nos incomoda, atrapalha, irrita, tira a paz e faz sofrer. Um problema não é algo que pode simplesmente existir e ponto. Não podemos ter um problema e ignorá-lo ou esquecê-lo. Alguns até fazem isso, ou pelo menos tentam, mas garanto que o problema não desaparece; ele muda de forma e, por vezes (quase sempre), torna-se ainda maior.

Problema ignorado não é problema resolvido. E, pior que isso, problema não é algo que você pode decidir ter ou não ter - assim como escolhe a roupa que vai usar ou o local onde vai trabalhar.

Problemas fazem parte da experiência humana e deles ninguém pode realmente escapar. Os problemas nos atormentam, afligem e exigem uma solução, uma mudança, seja de contexto, de cenário ou posição, para que possamos ter paz e encontrar a solução. Problema ninguém quer e todos têm. Mas se é assim mesmo, se todos temos problemas, sem opção, isso pode significar que estamos condenados à infelicidade?

"A felicidade não se resume à ausência de problemas, mas sim à sua capacidade de lidar com eles." (Albert Einstein)

OK, porém você deve estar pensando: como alguém pode ser feliz se tem tantos problemas? Ou ainda: como lidar com um problema grave e, ainda assim, ser feliz? Não devemos confundir os assuntos: felicidade e problemas.

O que é felicidade?

Felicidade é o estado de quem é feliz, uma sensação de bem-estar e contentamento que pode ocorrer por diversos motivos. A felicidade é um momento durável de satisfação, onde o indivíduo se sente plenamente feliz e realizado, um momento onde não há nenhum tipo de sofrimento.

A felicidade é formada por diversas emoções e sentimentos, e pode ser sentida por um motivo específico, como um sonho realizado, um desejo atendido. Há mesmo pessoas que são conhecidas por estarem sempre felizes e de bom humor, não sendo necessário nenhum motivo específico para elas estarem em um estado de felicidade.

A felicidade é abordada por diversos filósofos, pela psicologia e pelas religiões. Os filósofos associavam a felicidade ao prazer, uma vez que é difícil definir a felicidade como um todo, de onde ela surge, os sentimentos e emoções envolvidos. Os filósofos estudavam qual o comportamento e estilos de vida que poderiam levar os indivíduos à felicidade plena.

Felicidade na psicologia

A Universidade de Oxford criou um questionário para medir, através de vários métodos e instrumentos, o nível de felicidade das pessoas. Eles acreditam que, para medir a felicidade, é necessário avaliar fatores físicos e psicológicos, renda, idade, preferências religiosas, políticas, estado civil, etc.

O psiquiatra Sigmund Freud defendia que todo indivíduo é movido pela busca da felicidade, mas essa busca seria uma coisa utópica, uma vez que, para ela existir, não poderia depender do mundo real, onde a pessoa pode ter experiências como o fracasso; portanto, o máximo que o ser humano poderia conseguir seria uma felicidade parcial.

Felicidade na filosofia

Diversos filósofos estudaram e analisaram a felicidade. Para o grego Aristóteles, a felicidade diz respeito ao equilíbrio e harmonia praticando o bem; para o também grego Epicuro, a felicidade ocorre através da satisfação dos desejos; Pirro de Élis também acreditava que a felicidade acontecia através da tranqüilidade. Para o filósofo indiano Mahavira, a não-violência era um importante aliado para atingir a felicidade plena.

Os filósofos chineses também pesquisaram sobre a felicidade. Para Lao-Tsé, a felicidade poderia ser atingida tendo como modelo a natureza. Já Confúcio acreditava na felicidade como resultado da harmonia entre as pessoas.

Felicidade no budismo

A doutrina religiosa budista também analisou a felicidade, que tornou-se um dos seus temas centrais. O budismo acredita que a felicidade ocorre através da liberação do sofrimento e pela superação do desejo, através do treinamento mental.

Eu acho que :

Felicidade é a capacidade que você tem de sentir contentamento e satisfação interior independente da situação exterior.

Existem pessoas felizes que não são ricas.

Existem pessoas ricas que não são felizes.

Existem pessoas felizes que não são belas.

Existem pessoas belas que não são felizes.

Existem pessoas felizes que não casaram.

Existem pessoas casadas que não são felizes.

Existem pessoas felizes mesmo com um problema de saúde.

Existem pessoas cheias de saúde que não são felizes.

Existem pessoas felizes que... isso ou aquilo.

Existem pessoas... que não são felizes. Você bem sabe disso, não sabe?

"A felicidade não depende do que você tem, mas do que você pensa." (Dale Carnegie)

A felicidade nada mais é que um sentimento pessoal de contentamento íntimo que garante que a pessoa está bem consigo mesma, com sua situação, sem uma busca frenética por algo externo a fim de preencher o seu vazio interior. A felicidade está dentro de você, não pode vir de fora (sinto muito).

A alegria e o contentamento podem vir de fora, das coisas que adquirimos, das vitórias que conquistámos, do afeto que recebemos, dos valores que nos atribuem. Porém, a felicidade verdadeira, genuína, é uma conquista pessoal interna, individual e intransferível. Ou seja, existem pessoas infelizes de fato, em essência, mas isso nada tem a ver com a existência ou ausência de problemas. O mesmo vale para as pessoas felizes - que às vezes estão cheiinhas de problemas.

A felicidade é um dom genuíno, intrapessoal, que algumas pessoas possuem ou desenvolvem. Não está relacionada com a alegria nem com as circunstâncias externas.

Você já reparou que desejamos as coisas não pelo que elas são, mas pelo que representam? Você sabe diferenciar isso? Já percebeu isso?

Conhece alguém que queria desesperadamente uma bela casa ou carro, e depois de muita batalha, muito trabalho, conseguiu e, passado algum tempo, continuou tudo igual: a pessoa voltou à mesma insatisfação de antes?

Conhece uma pessoa que trabalhou exaustivamente para ficar rica, abriu mão de muitas coisas e finalmente conseguiu acumular fortuna, e hoje vive angustiada com os problemas que esse dinheiro trouxe?

Conhece alguém que investe tudo nas conquistas amorosas, tem parceiros incríveis, que são considerados "ideais", e está sempre à procura do próximo, sempre insatisfeito?

E os famosos estampando o noticiário, com seus milhões de dólares e fãs e a luta contra os vícios, a degradação, a depressão e até mesmo o suicídio?

Será que estas pessoas não estavam confundindo as coisas?

Elas queriam uma casa ou um lar?

Um parceiro ou um amor?

Dinheiro ou prosperidade?

Beleza ou bem-estar?

Sucesso ou felicidade?

Obviamente, conhece também pessoas que, apesar de terem tudo que aparentemente deixaria qualquer mortal megafeliz, continuam superfrustradas, sempre insatisfeitas e infelizes como se tivessem muitos problemas. Principalmente nessa época de redes "venenosas", que as pessoas chamam de "sociais".

Eu acho muito engraçado observar essas redes, esses *posts*, essas *selfies*, esses *likes* e *dislikes*. Por que esse desespero para a exibição de suas vidas e/ou teatros? Sim, teatros, porque a maioria quase absoluta desses *posts* é pensada para enganar, iludir, gerar admiração, ou melhor, "inveja", que nada tem a ver com admiração, diga-se de passagem, para que nunca se confunda um sentimento positivo com outro bem negativo. São *posts* em sua grande maioria enganosos, falsas aparências e falsos sentimentos.

Para quê?

Será que, para essas pessoas, a aprovação alheia é tão importante assim? Precisam provar para os outros o que não convencem nem a si mesmas? Será que isso muda alguma coisa de verdade? Será que se o outro me invejar, eu fico mais feliz mesmo? Obviamente, não estou falando de todos, mas sim de uma esmagadora maioria que vive para isso, para esse *show-off* sem fim.

O maior problema dessa rede venenosa é que a maioria das pessoas não tem senso crítico daquilo que vê e passa imediatamente a se comparar. Ora, se todos (da rede venenosa) são felizes, ricos, amados, superanimados, superdivertidos, vivem uma vida de festas, etc. e tal, como pode que só você esteja aí sentado, jogado com uma vidinha banal, um trabalho frustrante, uma relação sem emoção, ou vivendo algum problemão? É triste mesmo, eu sei...

Nesse caso, não há muitas alternativas: ou você começa agora, já, imediatamente, a produzir ilusões e a postar também, para não se sentir tão por baixo e deslocado - apesar de, no fundo, se sentir ainda mais frustrado porque sabe que não é bem assim, sabe que está enganando os outros, mas não a si mesmo(a); ou você não posta nada e se sente megafrustrado(a) do mesmo jeito, apenas observando o mundo perfeito dos outros; ou... você olha aquilo com a devida distância e isenção, e não se deixa perturbar e contaminar.

Em algumas fases da vida, isso é mais fácil. Quando as coisas vão bem, você, digamos, não está nem aí para a vida dos outros nem para seus *posts* incríveis de suas vidas fantásticas no país das maravilhas. Mas em outras fases, quando as coisas não estão tão bem assim e os famosos problemas aparecem para nos visitar... isso é bem mais difícil.

As comparações, quer seja com as bobagens das redes sociais ou com a vida do vizinho, patrão, amigo, ator de novela, etc., só trazem infelicidade e frustração.

Ninguém é igual a ninguém!

Se eu tivesse uma fórmula mágica para a felicidade, diria que o ingrediente número um é:

NÃO SE COMPARE A NINGUÉM, por favor!

Sempre haverá alguém mais rico, mais bonito, mais amado, mais inteligente, mais baixo, mais alto, mais magro, mais gordo, mais qualquer coisa que você. Deixe que vivam suas vidas do jeito que quiserem. Acredite que, por mais que se esforce, jamais saberá como os outros se sentem de verdade e sempre irá analisar a vida deles pela sua ótica, do lado de fora, de acordo com seus valores.

Tudo aquilo que você achar que eles sentem ou deixam de sentir, vivem ou deixam de viver, é apenas uma projeção de sua imaginação. Não existe vida perfeita - você estará apenas projetando seus anseios e frustrações na história de terceiros. Não se envolva nesse enredo.

Felicidade é uma recompensa da sabedoria. Sabedoria é um dom que se adquire. Felicidade, na minha opinião, é igual a PAZ.

PAZ interior é saber que, tendo ou não tendo, sendo ou não sendo, estando ou não estando isso ou aquilo, estou plenamente consciente daquilo que sou e do que é realmente importante para mim nessa vida. Portanto, como já dizia aquele senhor Einstein,

"a felicidade não se resume à ausência de problemas, mas sim à sua capacidade de lidar com eles".

Por que temos tantos problemas a vida toda? Como ser feliz apesar disso?

Os problemas fazem parte da equação existencial humana. Eu sou péssima em matemática, então imagina a situação.

Ser feliz é um estado de espírito (literalmente) e não um estado de vida. A felicidade está dentro de você, não importa o cenário externo. Os problemas, ou melhor, as situações estão fora de você, entrando somente se a porta estiver aberta. Os problemas (situações) fazem parte dessa estrada. Problemas (situações) de relacionamento, de saúde, de trabalho, de comportamento, de vizinhos, filhos, etc. É uma grande chatice, uma teia de aborrecimentos, não é? Sim, normalmente é. Mas pode não ser. Pode ser também muito estimulante. Depende do ângulo e da consciência que você tem ao lidar com tudo isso. Novamente, e sempre, escolhemos o olhar mais óbvio. Porém, se dermos dois passos para a direita ou para a esquerda, veremos já as coisas diferentes. É assim que eu penso. E, claro, assim como você, eu vivo cheia de problemas (situações)! Por isso, concluí que o problema é você! E isso você também já fez, não é mesmo?

Não importa qual seja o seu tipo de situação, você certamente já concluiu que o problema é o outro, certo? Claro!

Imagino que você tenha uma situação no seu trabalho, um chefe terrível, daqueles insuportáveis mesmo, sempre descontente, sempre exigindo, cobrando. Assim não dá, certo? Quem é o problema aqui? O chefe.

E no casamento?

Seja uma mulher chata, que reclama de tudo; ciumenta, que controla seus passos; dramática, sempre carente e fazendo de vítima. Ou um marido mulherengo, que não respeita a relação e está sempre traindo; violento, que te agride; irresponsável, que não trabalha; preguiçoso, que não colabora nas tarefas domésticas. Quem é o problema aqui? A mulher (no primeiro caso) ou o marido (no segundo caso), claro.

Nas amizades: aquela pessoa fofoqueira, que vive queimando seu filme a torto e a direito; que se faz passar por amiga e de repente te traiu de maneira sórdida; que te passou a perna, roubou seu namorado, seu emprego etc.? Quem é o problema aqui? Sem dúvida, a amiga.

Na empresa: seus funcionários não cumprem as regras nem horários, só reclamam, fazem tudo errado, nunca estão satisfeitos, querem sempre mais? Quem é o problema aqui? Os funcionários, sem dúvida.

Na loja: aquela vendedora irritante que não lhe dá as informações necessárias, que o atende de má vontade e, ainda por cima, erra no recibo? Quem é o problema aqui? A vendedora, concordo.

Com os filhos: seus filhos que nunca ouvem seus conselhos, não colaboram em casa, somem sem dar satisfação, não estudam, só arrumam amigos perigosos, se envolvem com drogas. Quem é o problema aqui? Os filhos, como todos sabemos.

Com seu estado emocional: sua vida está cheia de frustrações e isso leva a uma depressão impossível de controlar. Sente uma tristeza e uma angústia avassaladoras, que não lhe deixam ter alegria em nada? Quem é o problema aqui? A vida, sempre a vida.

Enfim, eu não sei qual é o seu problema atual, ou melhor, quais são os seus problemas atuais, porque normalmente vêm num *pack*! Problemas não gostam de andar sozinhos: um chega e logo chama a turma para fazer companhia. Quando decidem, de uma forma ou outra, ir embora, voltam logo, mesmo sem convite. Caras-de-pau!

Problemas no trabalho geram problemas em casa, na saúde etc. Problemas com marido/mulher viram problemas com filhos, no trabalho e na saúde também. Parece que esse problema da saúde é sempre convidado por todos os outros. Às vezes, ele demora a dar a cara, mas acaba não resistindo ao convite e aparece.

Todos temos problemas? Sim. Todos temos soluções? Somente alguns, poucos, privilegiados.

Todos sobrevivem aos problemas? depende das transformações que realizaram na situação. E, mais uma vez, uso o pensamento de um conhecido nosso, de quem eu, particularmente, não ouso discordar:

"Não se pode encontrar a solução de um problema usando a mesma consciência que criou o problema. É preciso elevar sua consciência." (Albert Einstein)

Como assim? Simples assim.

Quem causou seu problema atual? O vizinho? O chefe? O marido/a mulher? O amigo? A sociedade? A alimentação? A solidão? Você sabe quem causou seu problema? Sim, me refiro a essa situação atual, no seu caso específico. Por favor, me conte - mesmo em voz alta, como se estivéssemos conversando. Quero ouvir. Não precisa ser para o bairro todo ouvir, apenas eu e você.

Narre o seu problema...

É mesmo um problemão!

Mas, pelo que entendi, você sabe descrever muito bem sua situação atual, seu lamento, sua frustração, sua raiva, seu sofrimento ou seu medo. Mas saberia definir qual é o problema? O problema em si? Especificamente falando, qual o seu problema? Lembre-se que, indagado sobre o que faria se tivesse apenas uma hora para salvar o mundo, Albert Einstein respondeu:

"Eu gastaria 55 minutos para definir o problema e 5 minutos para resolvê-lo."

Ele pensava assim e eu concordo. Sempre é muito mais difícil entender e definir o problema do que resolvê-lo.

Nós sabemos definir bem a situação, o drama, mas raramente sabemos identificar a causa do problema.

Você já deve ouvido falar que a solução está no problema. Ou seja, a solução de qualquer problema é a identificação de sua essência. Uma vez feito isso, o problema passa a ser de simples solução. O X da questão é como nos perdemos dentro da situação e de nosso incansável gosto pela lamentação ou reclamação e sentimento de vítima, que nos seduz a todo instante.

"Ah, mas você não sabe o que meu marido/minha mulher fez."

"Você não imagina o que me aconteceu."

"Ninguém poderia suportar o que estou passando."

"Estou em pânico, minha situação é terrível."

"Eu não suporto mais fulano ou beltrano."

"Fui traído(a)."

"Estou doente."

"Estou cheio(a) de dívidas."

Mas por quê? Por que estaria você vivendo tal caos? Eu pergunto, assim como todos devem perguntar: o que aconteceu? E vamos ouvir um rosário de lamentações e histórias cheias de detalhes, recheadas de emoções.

Não estou dizendo com isso que não ligo, que não valorizo ou não me importo com seus problemas. Pelo contrário, ligo, valorizo e me importo tanto que estou tentando trazer uma nova perspectiva sobre isso. Um novo olhar.

"Se você continuar fazendo o que sempre fez, vai continuar recebendo o que sempre recebeu." (Lair Ribeiro)

Eu já tive dois trilhões de problemas, alguns mais graves, outros menos graves, mas sempre um problema atrás do outro, e isso realmente cansa. Parece que viver é uma luta sem fim: mal saio de um problema, entra no outro. Quando você aprende uma coisa, lá vem outra.

"O que não me mata, me fortalece", disse Friedrich Nietzsche. É verdade, mas aborrece também, cansa, tira a paz e

deixa a vida sem graça nenhuma. Alem do mais, às vezes cansa "brincar de forte".

Voltamos ao ponto: mas, afinal, quem está causando o seu problema? Quem? Marido/Mulher? Filho? Vizinho? Amigo? Patrão? Empregado? Igreja? Sociedade? Qual a natureza de seu problema? Tangível, factual? Ou intangível, existencial? Antigo ou recente? Recorrente?

Eu sei que alguém ou algo externo está causando seu problema; portanto, por mais que você queira resolver isso, sair dessa situação depende de uma série de fatores que você não pode controlar.

Como diria Sartre, *"o inferno são os outros"*. E, realmente, essa é a leitura que a maioria de nós costuma fazer. Sempre há alguém, alguma coisa, causando nosso bem ou mal-estar.

Estamos felizes porque fulano(a) nos ama.

Estamos infelizes porque fulano(a) não nos ama.

Adoramos nosso trabalho porque nosso chefe e colegas são incríveis.

Detestamos nosso trabalho porque as pessoas da equipe e/ou os clientes são insuportáveis.

Nos sentimos importantes porque as pessoas gostam de nós.

Nos sentimos horríveis porque as pessoas não ligam para nós.

E por aí fora. Acho que você conhece bem o enredo dessa novela.

O fato é que pensamos dessa forma quando estamos no modo vítima. Existe sempre um agente externo causador de nossa felicidade ou infelicidade. Um agente externo que domina nossas vidas e nosso bem-estar.

É realmente terrível pensar sob esse ângulo. Não sou eu quem tem as rédeas da minha vida, mas sim o outro. Eu deposito nas mãos de alguém, ou de coisas, o poder sobre minha alegria ou pesar. Os fatos aleatórios, as pessoas e suas atitudes decidem como me devo sentir, estar, viver etc.? Não? Nada disso? Você nunca depositou o poder sobre sua vida nas mãos de ninguém? Pense melhor...

Indagado sobre o que faria se tivesse apenas uma hora para salvar o mundo, Albert Einstein respondeu:

"Eu gastaria 55 minutos para definir o problema e 5 minutos para resolvê-lo." (De novo, para não esquecer.)

Eu acho que passei um pouco mais de 55 minutos definindo a razão para todos os problemas de minha vida, e acredite que não são poucos, e concluí, após quase 56 anos, que...

O PROBLEMA SOU EU!

Ou seja:

O PROBLEMA É VOCÊ!

Como assim? Que absurdo, não é mesmo? Como poderia ser você o único e grande problema de sua vida? Sim, você é o problema - e não a situação.

Imagino que, nesse momento, você esteja lendo esse livro porque, como todos nós, tem alguns problemas(situações) de maior ou menor proporção. O que o(a) levou a pegar nesse livro? Um sentimento de masoquismo, ao ver um título sugerindo que sim, você é péssimo(a), você não faz nada certo e você é um problema? Talvez...

Mas pode ser também porque seu inconsciente, de modo sábio, reconheceu nesse título algo para que você precisa trazer a consciência para, finalmente, viver melhor.

Vamos começar. -

Não importa a situação que você esteja atravessando nesse momento que lhe causa dor, mágoa, raiva, aflição, desespero, etc. O problema não é a situação, mas sim a reação que você tem diante dela.

Imagine que, nesse momento, você está sendo traído(a) por seu companheiro(a), namorado(a), esposo(a) ou amigo(a). A traição é a situação. O problema é seu sofrimento, sua raiva, seu inconformismo (sua reação à traição).

Mas, ora, se o outro o está traindo, e problema é você - então você seria o causador dessa traição? Sim e não. Na verdade, não importa muito agora. É bem verdade que muitas vezes somos os causadores (autores) de tudo que nos acontece, seja de forma consciente ou não. Nós provocamos, através de nossas crenças, pensamentos, palavras, atitudes, todas as situações que o universo nos apresenta. Sim, somos responsáveis e criadores de nossa realidade. Lindo e... triste. Lindo quando tudo vai bem, e triste quando não vai tão bem assim.

Mas essa é mesmo a realidade.

Porém, nesse caso específico da traição, a que me refiro aqui como exemplo, não vou entrar no mérito de você ser a causa desse comportamento pouco ético de seu/sua parceiro(a). Vou me deter principalmente no fato de você estar agora sofrendo por causa dessa situação. A desilusão e decepção são enormes, e a dor é inevitável... mesmo?

Não tenho certeza que seja assim. Você talvez não possa evitar que o(a) parceiro(a) venha a trair, mas pode, sem dúvida, evitar sofrer por isso. Como? Assumindo que o PROBLEMA É VOCÊ!

Não, isso não é uma forma de martírio e autoflagelo, como se estivesse a dizer "sim, sou uma droga, faço tudo errado e mereço que coisas ruins me aconteçam". Ao contrário, isso é libertador. Sim, libertador. Ao assumir que o problema é você e não a situação, você assume as rédeas de sua vida e seu bem-estar. Você volta ao controle, você assume o PODER. O poder passa a ser única e exclusivamente SEU!

Se a situação é a traição, o problema é sua reação a essa situação. Se o problema é você e você assumiu isso, então passa a ter, a partir desse momento, controle sobre como vai reagir. Não precisa mais passar dias e dias chorando, ruminando a tragédia. Pode simplesmente desligar o modo vítima, pobre de mim, e ligar o modo chega, você não me merece mais!

O problema é você, porque você permite que os acontecimentos lhe provoquem reações completamente descontroladas e que, provavelmente, levarão a um arrependimento posterior.

Algumas pessoas chegam a cometer crimes e a comprometer toda a vida por causa de reações exageradas, desordenadas, causadas por agentes externos.

"O problema sou eu!"

"O problema é você!"

"Eu me permito viver situações abusivas."

"Eu escolho mal os(as) parceiros(as)."

"Eu deixo que as coisas se arrastem até um ponto onde só haja dor e ressentimento."

"Eu não caio fora na hora certa."

"Eu evito ver o que está bem à frente do meu nariz."

"Eu insisto que essa relação ainda vai funcionar, quando já tenho provas mais que suficientes que não."

"Eu escolho que é melhor estar mal-acompanhada(a) do que só."

Mas é bem possível que você faça todas essas escolhas sem o perceber, pensando que o problema é o outro e que vai conseguir, MILAGROSAMENTE, mudar o outro.

Ora, vamos e convenhamos: quantas vezes você já conseguiu mudar alguma coisa em si mesma? Poucas, ou melhor, pouquíssimas, eu diria. A mudança só ocorre quando a dor de mudar é menor que a dor de continuar igual.

Portanto, por que você acredita que pode ou vai mudar o outro? A vida é sua, estamos de acordo? Por que, então, deixa o poder sobre ela na mão do outro, nas rédeas do acaso? Por que vive como vítima e não como autor?

A VÍTIMA E O AUTOR

Imagine que sua vida é um carro. Você está sentado(a) no banco do passageiro, bem ao lado do condutor, e o motorista é o acaso/destino/sorte (escolha o nome que quiser). Você quer ir à direita, mas o motorista (acaso) quer ir para a esquerda. O desejo é seu, mas o controle/direção é dele. Adivinhe para onde o carro (sua vida) vai? Exatamente, para a esquerda. E você (vítima) fica furioso(a): por que raios esse carro (minha vida) está indo para um lado que não desejo? Porque você deixa o controle, a direção, para o outro, para o acaso. É dessa forma que a maioria das pessoas vive. São as vítimas e não os autores/condutores de seus carros/vidas.

Que tal se você sentasse agora no banco do motorista e decidisse exatamente para onde quer ir, direita ou esquerda.

Sim, você pode! Mas precisa assumir isso.

Às vezes, é muito fácil e cômodo responsabilizar o mundo, o outro, o tempo, a sorte, o chefe, o vizinho, o marido, a mulher, pela nossa infelicidade e fracasso. Mas, apesar de ser fácil e, de uma certa forma, confortador (sim, porque se o outro não é bom, fica mais fácil me aceitar e me justificar), é também muito triste isso. Colocar o outro como vilão me coloca como vítima, me fragiliza e me dá a falsa sensação de que serei protegido, mas isso, na verdade, me tira todo o poder.

É mesmo difícil resistir ao ímpeto de culpar o outro. Não é fácil abrir mão da oportunidade de justificar suas mazelas sem apontar o dedo para os outros.

"Olha, sou triste infeliz porque me fizeram isso ou aquilo."

"Coitado de mim. Por favor, tenha piedade (na verdade, me poupe)."

Ui, que discurso!

Zona de conforto

Pode, a princípio, parecer como disse, confortador. Afinal, se você não tem culpa ou responsabilidade pelo que aconteceu, merece mesmo todo o apoio do mundo. Sim, estamos todos penalizados. Porém, numa visão de maior alcance, podemos também pensar que essa simpatia, que sua situação de vítima causa, não mudará em nada, de forma concreta, o cenário. Pode enxugar algumas lágrimas aqui e acolá, mas não passará disso. A dura verdade é que - pense bem - as situações tendem a se repetir. Mudamos os personagens e o cenário, mas o roteiro, me parece, continua a se repetir.

E por que isso acontece? Não seria uma forma de o universo insistir para que possamos aprender a lição? Para, finalmente, entendermos que o PROBLEMA SOMOS NÓS?

Se você já tem isso em mente, se já decidiu que, mesmo que fulano e beltrano estejam fazendo isso ou aquilo, você dirige o seu carro e é o único e absoluto responsável pelas reações que terá diante das situações, você já entendeu, finalmente, que se o PROBLEMA É VOCÊ, obviamente, A SOLUÇÃO É VOCÊ!

Claro, não estou aqui para o deixar ainda mais em baixo. Muito pelo contrário mesmo.

"Nenhum problema pode ser resolvido pelo mesmo grau de consciência que o gerou" (Albert Einstein). Novamente ele. Acho que ele já ganhou notoriedade e respeito suficientes para darmos algum crédito, concorda?

Se a situação que você vive agora deve-se à sua forma antiga de pensar - o problema é o chefe, marido, mulher, amigo(a), sociedade, país, etc., ou seja, o poder está na mão do outro -, então a solução certamente virá a partir de um novo olhar.

O problema é você; logo, a solução é você.

Mas qual seria, exatamente, a solução perante situações (não problemas; lembre-se que o problema é você) que causam estresse e sofrimento? Como lidar com isso no modo PODER/AUTOR?

Assumindo que você tem o domínio absoluto sobre como se sente e reage aos fatos que lhe acontecem, não existe nada que se passe dentro de você sobre o qual você não tenha controle. As pessoas só farão com você exatamente aquilo que você permitir.

Você decide ficar ou partir. Você escolhe lutar ou desistir. Você confere valor às coisas e acontecimentos. Você vê as coisas pelo prisma que desejar - drama ou comédia.

Mas... e os sentimentos? Como dominar?

A partir do momento em que você consegue enxergar as coisas sobre outro ângulo, sob o ponto de vista do poder, seus sentimentos mudam. Você passa do modo passivo ao modo ativo. Não se sente mais à mercê do acaso, daquele motorista maluco que vai para onde você não quer.

Claro que os sentimentos podem continuar a existir, porém você agora convive com eles sobre outra perspectiva. Você sente, mas não se deixa sufocar. Você fica triste, mas não se desespera. Você tem controle e autocontrole. Você olha a situação de cima. Aliás, sem autocontrole não existe controle de nada!

Você sabe que aquela situação que está causando desconforto vai passar. Sim, sim, passa. Sabe que pode sair e mudar tudo quando quiser.

Esta livre!

Não é refém daquilo que os outros fazem com você. Não precisa aguentar o trabalho chato, o chefe difícil. Mas, se decide ficar, não precisa se incomodar com ele. Pode amadurecer e entender que talvez sua *performance* profissional precisa melhorar, ou que, se continua lá, é porque assim decidiu, portanto não deve reclamar.

Não precisa aguentar o parceiro que trai E MUITO MENOS O QUE AGRIDE VOCÊ, seja física ou emocionalmente. Pode dar um basta e terminar a relação. Decidir escolher outro parceiro, ou apenas a sua doce e adorável própria companhia. Pode, finalmente, assumir que a única pessoa indispensável em sua vida é você mesmo. Não precisa de ninguém para ser feliz. Entende que é muito melhor estar sozinho que mal-acompanhado. Pode desativar o modo dependência, olhar para esse parceiro com as lentes da verdade e não da ilusão, perceber que se trata de alguém sem nenhum valor para você. É apenas um sapo e não o príncipe que você pintou em sua imaginação.

A SOLUÇÃO ESTÁ SEMPRE COM VOCÊ!

Não precisa se sujeitar a situações ruins. Mas se, por acaso, tiver que conviver com elas - como, por exemplo, uma doença -, pode fazer isso de maneira suave e positiva. Ao lidar com uma doença grave, reconheço, temos uma situação difícil, mas não precisamos sucumbir ao desespero; podemos escolher a esperança, a proatividade. Procurar a cura e não a dor. Pensar em saúde e não em doença.

Você é a solução. Você dirige o carro. Você decide como se sentir e se posicionar a respeito de todas as coisas que acontecem em sua vida. Você tem o poder e ninguém mais. Não deposite essa arma tão preciosa na mão de terceiros. Você precisa assumir que nenhuma situação é exatamente como se apresenta em sua mente inconsciente ou através da ótica dos outros. Ou vai me dizer que você nunca percebeu seu comportamento aprendido?

Existe por aí um código infiltrado na mente das pessoas, no inconsciente coletivo, que dita os padrões de reação que devemos ter quando determinadas coisas acontecem. Talvez você ainda não tenha percebido, mas repare que as pessoas, muitas vezes, reagem no automático, e quando vêem alguém que tem a ousadia de reagir de acordo com seus próprios valores, ficam absolutamente surpresas. É o caso da mulher casada há mais de 20 anos, que descobre estar sendo traída pelo marido, e em vez de chorar e definhar, como a maioria, num largo muro de lamentações, ódios e dor, decide separar, recomeçar, viajar, fazer o que gosta e, finalmente, ser feliz. Com ou sem outro homem na parada.

Ora, mas então ela não amava o marido? Amava. Mas o marido era a situação e ela a solução. Mas... e se ela ficar sozinha? Qual o problema em ficar sozinha? Pode ser uma opção e não uma imposição. Quem disse que estar acompanhada é melhor? Quem disse que estar acompanhada é estar com alguém de verdade? Quem determinou essas coisas?

Você vive atrás do seu sistema de valores, ou do sistema de valores coletivo? Você é você, ou você é uma réplica dos outros? Cadê sua individualidade?

Você teria coragem de admitir que, muitas vezes, sofreu mais intensamente a respeito de uma situação, influenciado por padrões comuns do que pelo que realmente sentia? Seja sincero(a).

Muitas reações estão no modo automático:

"Vi tantas pessoas chorarem por isso, que também choro."

"Vi tantas pessoas reclamarem disso, que reclamo também."

"Vi tantos lutarem por isso, que luto também."

Eu sei, nem percebemos, mas é muito comum a todos. Pela minha humilde observação das pessoas bem-sucedidas e felizes, percebi que elas não reagem baseadas no modo coletivo, politicamente correto; elas reagem e agem baseadas naquilo que, de verdade, faz bem para elas. Naquilo que acreditam e valorizam mesmo.

Umas não ligam para dinheiro - "Ora bolas, se o mundo liga, eu não". Outras, para não envelhecer, perseguem a juventude e se ridicularizam - "OK, eu não preciso disso." Essas pessoas ficam bem sozinhas, se aceitam e não precisam se sujeitar a relações abusivas para ter alguém do lado. Trabalham no que gostam, mesmo que não esteja na moda, pois elas fazem aquilo em que acreditam. Se vestem como querem, não precisam de aprovação externa. Elas são a solução, são poderosas - há muito que deixaram de ser o problema.

E você? O problema é você, porque se tornou vítima da situação e porque está reagindo de forma errada. A solução é você, porque pode assumir o controle e porque dá o valor devido às coisas.

O ingrediente secreto

Existe um ingrediente secreto na fórmula de quem se torna a solução: a leveza.

Não leve tudo tão a sério! Não se leve tão a sério.

Parece simples e bobo, mas é a primeira coisa que esquecemos. Damos demasiada importância às coisas que são passageiras. Passageiras? Sim, tudo é passageiro. Inclusive a vida, infelizmente.

Se conseguirmos olhar de forma mais abrangente para nossas vidas e nossa história, iremos perceber que ficamos atados a nós que não representam nada. Ficamos olhando o ontem, o hoje e amanhã de nossas histórias. Quantas coisas foram extremamente importantes ontem, e hoje não são nada? Quantas coisas nos causam dor hoje, e amanhã não representarão nada? Qual o sentido de ficarmos insistindo numa situação que não tem chance e desperdiçando tempo valioso de nossa vida? Será que vale mesmo a pena perder tempo não apenas em situações concretas - como conquistar determinada pessoa que não nos quer -, mas também em sentimentos negativos, pesados, como rancores, ódios, vinganças... Por isso dizem que o perdão faz bem a quem perdoa. Porque liberta.

Liberte-se. Ponha um pouco de humor nesse roteiro.

Perdeu? Perdeu. OK, vamos reencontrar.

Acabou? Acabou. OK, vamos recomeçar.

Isso é... se realmente quisermos, não porque alguém acha que devemos ou porque é o que todos fazem (modo coletivo).

Pega leve. Ria de si mesmo(a) e da situação. Sempre há um ângulo bem-humorado disso tudo. O drama é que você se leva muito a sério e tem um poderoso inimigo: O EGO. Esse, sim, é o verdadeiro causador de todo o sofrimento.

Quando algo de desagradável acontece em nossas vidas, temos um consultor especializado em tragédias a dizer:

"Veja bem, você não merecia isso."

"Quem ele(a) pensa que é para falar assim com você? Onde já viu coisas dessas? O que os outros vão pensar?"

"E agora? Como você vai sair na rua?"

"O que vão dizer de você?"

Etc., etc.

Essa voz do ego, que domina a vida de todos e causa todas as grandes tragédias, é a mesma que está agora sussurrando para o(a) convencer que não, o problema não é você, não pode ser. O problema são os outros.

O ego causa 90% do sofrimento que temos na vida. O ego nos leva à comparação. Comparação que causa a frustração. O ego nos impede não apenas de viver de acordo com os nossos valores de maneira saudável, mas também de acordo com nossos valores de maneira nociva. Como aquele tipo que faz o que bem entende e fala o que bem quer, sem se importar com os danos causados por suas palavras insensatas ou fora de propósito.

A raiz de nossas frustrações é o ego. Ele usa um tremendo jogo de artimanhas para nos enredar sem que possamos dar conta. O ego nos leva como via de regra à competição ou comparação. Vivemos num mundo de comparações, todos querendo ser diferentes e, ao mesmo tempo, fazendo tudo para serem iguais a fulano e beltrano, à mocinha da novela, etc. E ainda não lançaram melhor fórmula para a infelicidade que a comparação - como já falei aqui, lembra? Mas acho importante repetir. Tenho certeza que você já se comparou a alguém, já comparou sua casa com a do vizinho, seu carro com o do amigo, seu cabelo com o da revista... já comparou e comparou-se. E tenho certeza, também, que algumas vezes, após a tal comparação, achou que sim, era o melhor; porém, muitas outras, NÃO!

Se você conseguisse parar de se comparar e olhar para os outros nesse sentido, já estaria 50% mais feliz e em paz. Você precisa aprender a viver para si mesmo. Ser você do jeito que você é. Parar de pensar no que os outros pensam ou vão deixar de pensar.

Não, você não precisa morar numa casa de milhões de dólares, ponto! Não precisa e não quer, mesmo se todos no mundo querem e pensam isso - problema deles e não seu. Se a posse dessa tal casa de milhões, para os outros, significa *status*, poder e superioridade, OK, talvez para você não represente nada disso. Porém, se a casa de milhões representar o conforto que você acha que merece, depois de tantos anos de luta e trabalho... por que não? Mas qual a verdadeira razão para desejar essa casa? Para você ou para os outros?

Você pode não querer ter filhos e, mesmo assim, se sentir bem. Você pode querer ter dez filhos e abandonar sua carreira para cuidar deles.

VOCÊ PODE E DEVE VIVER PARA SI E NÃO PARA OS OUTROS!

Infelizmente, a maioria de nós vive voltada para os outros e as expectativas que eles têm a nosso respeito. Todos muito preocupados na imagem que passaram aos outros, no que vão pensar, etc.

"Se o fulano tem isso, então eu também tenho que ter."

"Se a beltrana faz aquilo, então eu também preciso fazer."

Como deveria agir, ser ou ter uma pessoa isso ou aquilo segundo a opinião dos outros? Como você acha que deveria viver, agir ou ter? Por que você não pode simplesmente assumir aquilo que quer, sem culpa? Por que você não vive de acordo com seus verdadeiros valores muito pessoais? Por que você não faz o que quer em vez daquilo que quer mostrar aos outros? Por que a opinião dos outros tem tanto peso para você? Por que você quer se comparar com os outros? Por que presta mais atenção à vida alheia do que à sua própria vida? Por que está sempre olhando para fora e não para dentro?

Você quer ter o direito de envelhecer em paz e cultivar valores mais profundos que mundanos? *OK*.

Você quer viver como um(a) *hippie* em pleno século XXI? *Do it!*

Quer ter mais segurança e coragem para tentar uma nova carreira?

Quer largar tudo e mudar de país?

Quer parar de correr atrás de coisas sem sentido, só para preencher um vazio?

Quer assumir que a família vale mais que sua carreira?

Quer ganhar milhões de dólares?

Quer ser muito bonito(a) e saudável?

Quer parar de dar poder aos outros sobre sua vida e assumir que a solução é você - a solução está em você! O impossível é simplesmente algo que alguém (você) ainda não realizou.

Há muito tempo era impossível voar. Há muito tempo era impossível se comunicar à distância. Era impossível sobreviver a certas doenças. Tantas coisas, tantos impossíveis. E agora? Qual o seu impossível? O que você tanto deseja que não conseguiu ainda?

A SOLUÇÃO É VOCÊ!

Não existe solução mágica nos livros, nos cursos, na Bíblia, nos monges, que não passe por um trabalho de reconstrução, de mudança na forma de ver e pensar sobre tudo.

Se você não mudar a forma de ver o mundo, o mundo não mudará a forma de ver você. Se você não acreditar em si mesmo, o mundo também não acreditará. Se você não assumir total e profunda responsabilidade pelos resultados que está obtendo e não se tornar autor de sua história, continuará sendo vítima de um roteiro onde muitos imprevistos e fracassos acontecem. Se você continuar resistindo a mudar, a dor continuará batendo em sua porta e se tornará sofrimento. Se você não mudar, não pode reclamar. Porque se continuar fazendo o que sempre fez, continuará vivendo do jeito que sempre viveu.

Você precisa reconhecer que sem esforço não há recompensa. Sem consciência evoluída não haverá o próximo nível. Pare de culpar os outros e assuma o poder.

PERDOE-SE!

Perdão, mas tenho que tocar nesse assunto já tão aclamado por aí. Todo mundo sabe que deve perdoar os outros: a mãe, os irmãos, o patrão, o vizinho, etc. É nobre e, principalmente, inteligente. Ao perdoar o outro, você simplesmente assina sua sentença de liberdade. Quando negamos perdão, ficamos amarrados a um sentimento negativo, devorador e – por que não dizer? – destruidor.

Seja inteligente e perdoe. Vire a página. *NEXT!*

Plante a semente.

Mas o maior perdão que podemos conceder não se dirige aos outros, mas a nós mesmos. Nós vivemos cheios de culpa: culpa de perder, culpa de vencer, culpa por sermos bons e culpa por não sermos. Culpa disso e daquilo. Culpa.

Ah, se alguém desse férias para esse juiz dentro de nossas cabeças, o tempo todo nos punindo e sentenciando por algo que não saiu exatamente perfeito, como deveria ser...

Desgaste inútil!

Se você não se perdoar, se você se culpar, a situação melhora? Melhora? Se não melhora, com certeza piora. Então, basta! Se uma coisa já é suficientemente ruim, não precisa ser piorada. Já está de bom tamanho. Você se culpa porque seu ego, que vive se comparando e competindo com outros, não admite falhar. Mas sim, você falha, todos falhamos.

Alguns falham, olham o erro, analisam a situação, o que poderia ter sido feito diferente, aprendem a lição e seguem em frente. São os autores. Eles se perdoam - pegam leve consigo mesmos e não levam tudo a ferro e fogo.

Outros erram, olham e analisam o erro, se culpam, não se perdoam, nunca mais tentam nada, sucumbem ao medo e ao fracasso, mergulham na culpa e vivem num mar de lamentações (que gera mais escuridão, falta de lucidez e de energia positiva, e mais frustrações).

Pergunte a si mesmo(a) o que você realmente quer - não seu ego, mas seu eu verdadeiro, interior. Se você perguntar e tiver a sensibilidade e paciência para ouvir a resposta verdadeira, tenho quase certeza que irá se surpreender com a resposta. O grande problema é que a maioria das pessoas costuma pedir o que o EGO quer, e nesse caso, cuidado com o que você pede... pode receber!

Você controla suas emoções, ou suas emoções controlam você?

O que você precisa - o que você atrai?

Normalmente, pensamos que as coisas acontecem por acaso, ou que só atraímos coisas muito distantes e diferentes daquilo que realmente desejamos. Essa é uma forma de leitura de nível 1.

Num nível mais evoluído de consciência, você pode começar a perceber que atrai tudo aquilo que lhe acontece, que está no comando, que planta as sementes e, portanto, colhe os frutos. Escreve o roteiro e determina todas as cenas. Dirige o carro. Você é a causa e não o efeito.

Mas então por que estaria atraindo coisas tão incômodas ou mesmo ruins para sua história? Provavelmente, porque está olhando para as coisas de forma errada. Lembre-se que você está sempre atraindo o que precisa.

Ora, como assim? Quem precisa de tantas dores e decepções? Todos nós. Alguns mais, outros menos, mas esse é o processo da escola da vida. Da evolução natural. Porém, alguns podem ser mais ligados e aprender rapidamente com a dor, e outros podem resistir e viver em sofrimento... lembra-se? Essa decisão é de cada um de nós.

Obstáculos, desafios, serão apenas etapas a serem vencidas.

DEFINA O QUE VOCÊ QUER PARA SUA VIDA! DEFINA O CONTEÚDO, NÃO A EMBALAGEM!

"Eu quero um lar, não uma casa."

"Eu quero me realizar profissionalmente - não trabalhar aqui ou acolá."

"Eu quero uma relação de amor e cumplicidade, não um casamento."

O essencial é focar no essencial, não na embalagem.

Eu conheço gente que tem várias casas e nenhum lar. Gente que tem uma posição extremamente importante nos negócios e é superfrustrada. Você não conhece?

Você quer realmente as coisas ou a energia que advém delas? A questão, nesse caso, é que poderíamos considerar, ao desejar alguma coisa, o que estamos de verdade querendo. Nós queremos a casa azul porque é bem localizada, espaçosa, bonita, ou porque todos esses atributos nos passam a idéia de um lar?

Às vezes, batalhamos arduamente para obter alguma coisa, e quando conseguimos, nos sentimos extraordinariamente bem; mas pouco tempo depois, o entusiasmo esfria e voltamos à mesma sensação de vazio interior. Tem mesmo que ser sempre assim? Eu acho que nós não queremos as coisas, mas sim a energia que vem delas e, por isso, confundimos tudo e acabamos numa busca sem fim por mais e mais conquistas, e com um vazio cada vez maior. Nós corremos atrás de gratificação imediata e não de satisfação duradoura.

Costumo pedir ao universo a energia das coisas e não a aparência delas.

Cuidado com o que você pede. E, principalmente, cuidado com o que você aceita. Esse apego demasiado que temos com a aparência das coisas - como se fossem essenciais para nossa felicidade -, e quando aceitamos o que a vida nos oferece, seja como recompensa pelo nosso esforço, seja como "sorte", nós assumimos responsabilidade por isso.

As coisas estão o tempo todo em movimento. Uma coisa boa ou má não vai permanecer com você por acaso. A sua consciência a respeito disso fará com que a realidade se transforme sempre. É um processo constante, intermitente, mas diferente do que pensamos. Esse processo de perder, ganhar, manter, prosperar, está em nossas mãos.

Assim na terra como no céu. Essa expressão contida na oração mais famosa do mundo tem, para mim, um sentido diferente. Assim na terra (aqui em nossas vidas, no nosso dia-a-dia) como no céu (em nossa consciência elevada, nossa forma de pensar, nossa visão sobre as coisas). O que está acima se revela abaixo... sempre.

Mesmo se o dia estiver lindo, com o sol brilhando, as nuvens se formam... sim, pesam, caem e mandam esse lindo dia para o espaço.

É fundamental uma nova leitura sobre a vida, as coisas e seus valores, para podermos reassumir o controle de nossa história. É fundamental parar de se esconder atrás do mural de auto-sabotagem:

Quando você não faz aquilo que está cansado de saber que deve fazer.

Quando falta coragem para assumir a responsabilidade para tudo aquilo que acontece em sua vida.

Quando não ouve aquela voz interior que te dá todas as respostas.

Quando falta inteligência emocional para aceitar que AS PESSOAS SÓ FAZEM COM VOCÊ AQUILO QUE VOCÊ PERMITE, PONTO!

Nada pior que essas escolhas inconscientes. Nada tão triste como uma vida ao acaso, no banco do passageiro.

E já que falamos tanto em EGO... temos que falar no primo-irmão dele: o SENHOR MEDO.

Todos temos medo. Ponto pacífico. O medo é uma reação natural que nos leva a nos protegermos diante do perigo - o famoso instinto de sobrevivência. Mas quantas vezes por dia, por ano, por vida, estamos com nossa sobrevivência em perigo? Pouquíssimas, normalmente. E quantas vezes por dia, por ano, por vida, sentimos medo? Muitas! Mas muitas mesmo!

Esse não é o medo do instinto de sobrevivência, é o medo da auto-sabotagem.

Temos medo de fracassar e medo de vencer. Temos medo de amar e da solidão. Temos medo da miséria e também da riqueza. Medo de ir e medo de ficar. Sim, porque não pense você (eu sei que você jamais pensou nisso...) que só temos medo de coisas ruins; nós temos muito medo, também, de coisas "boas".

O medo é a zona de conforto.

"Eu tenho medo, então não arrisco, não fracasso, mas também não ganho."

"Estou vivo(a), mas não sei o que é viver."

Fim.

O medo bloqueia, impede, e tudo mais que você, espero sinceramente, já sabe...

Então tem gente que não tem medo? Hum... não creio. Acho que tem gente que tem medo e não dá muita importância para isso, e vai em frente mesmo assim.

"Cuidado, menino(a), você pode cair e se machucar." Acho que essa é a forma mais primária de nosso contato com o medo - o nosso e de nossas mães.

Mas o medo não protege, esse não. Aquele que protege é um medo instintivo, reativo, a respeito do qual você não precisa pensar. É aquele que o faz correr quando um animal perigoso se aproxima, mesmo que você nunca tenha imaginado essa cena. O medo danado mesmo é esse, que fica guardado na sua mente e nas suas crenças:

"Isso não pode dar certo."

"Tudo que começa bem acaba mal."

"Eu nunca vou vencer."

"Eu não sou capaz."

"Os outros são melhores que eu."

"Eu serei recusado(a)."

"Homens não são confiáveis."

"Dinheiro não traz felicidade."

"Impossível ter tudo que se quer."

"Comigo, realmente, nunca dá certo."

"Sofrer faz parte da vida" e por aí vai... Felizmente, algumas pessoas nem ouvem mais essas crenças e o medo que transmitem, porque aprenderam a conviver com ele. Outras, entretanto, dão, e muito, ouvidos, corpo e alma a esse monstro.

O medo, em si, não é ruim, é normal. Ruim é o poder que você lhe confere. Se permitir que ele bloqueie você, que o paralise e jogue para trás na fila, então é hora de dizer:

BASTA! ESSA MENTE NÃO TE PERTENCE MAIS!

Algumas correntes quânticas têm falado sobre o poder da resistência, e eu concordo. Quanto mais você resiste, mais o medo persiste. A não resistência ao medo, ou a qualquer outro sentimento negativo, destrutivo e bloqueador, somente lhes aumenta o poder.

Desprezo seria a palavra ideal. Vem um sentimento de medo, de repente, sobre alguma coisa que você quer fazer ou dizer? Se você tem certeza que é o melhor naquele momento, deixe o medo entrar, sentar. Não ofereça cafezinho nem ligue o ar condicionado. Não dê bom-dia. Deixe ele lá, e garanto que em cinco minutos estará do lado de fora ou encolhido num canto. Ele entra como um tigre, mas você pode reduzi-lo a um gatinho abandonado.

Porém, se você convidá-lo a entrar, sentar, lhe der uma bela refeição e oferecer cama quentinha, garanto que ele se instala uns bons tempos e vai engordando a olhos vistos.

O medo e os tais outros tantos sentimentos bloqueadores existem, mas a força deles só depende de quem os alimenta - no caso, você. Assim como a aceitação de que os outros são o problema de sua vida, sim? Não! Os outros são apenas situações escolhidas por você de uma forma ou de outra, consciente ou inconsciente.

Gosto de refletir sobre a natureza em seus ciclos, para sintonizar com a dinâmica da vida. Tudo isso, claro, não é à toa, nem para filosofar, mas para me fortalecer nesse passo gigantesco e transformador de assumir as rédeas de minha vida e ser eu própria todo-poderosa disso tudo à minha volta.

AS QUATRO ESTAÇÕES

Ah, a natureza, sempre ela, nos dando belas lições, e nós, claro, estamos tão ocupados que nem temos tempo de observar. Nunca temos tempo para o que realmente importa.

Se você aceitar ver a vida pela ótica da *big picture*, poderá comparar os ciclos de sua vida às quatro estações que se repetem a cada ano, quer você queira, quer não.

PRIMAVERA

Estação deliciosa, amena, com um calor suave, chuvas refrescantes, preparando nosso organismo e as plantas para a atividade máxima no Verão. Tempo de florescer, tempo de plantar para frutificar logo em seguida.

Mas a Primavera é só boa? Não. A Primavera traz as flores e o pólen junto. Tempo das alergias. Na sua vida, também. Quando você está na Primavera, pode ser um período em que se sente preparado(a) para desabrochar, para colher os frutos de seu esforço. É onde as coisas parecem se encaixar para o melhor, apesar do pólen. Ops! Apesar dos perigos que uma calmaria representa, podemos ainda tropeçar e impedir que os frutos sejam colhidos no devido tempo.

Sempre alertas. Somos autores e não vítimas.

Mas em geral, na Primavera, a vida dá um descanso para recarregarmos a bateria, e daí vem o...

VERÃO

Solzão, calor forte e chuvas intensas também, principalmente nos trópicos. Os frutos estão maduros, nossa energia está a mil, os dias são longos, a atividade é favorecida em todos os sentidos. É aquele período em que tudo que plantámos deu certo, floresceu e frutificou. Estamos colhendo os louros, as promoções, o casamento está às mil maravilhas, a saúde impecável, nossa energia parece inesgotável.

"Ai, que dia lindo de sol. Vou ficar um pouco mais na praia." Ops! Que bela queimadura. Não podemos relaxar e perder a noção da *big picture*. O sol é bom, essencial à vida, mas pode queimar. O ego pode nos fazer esquecer do protetor solar e sofrer por isso.

Quando tudo vai às mil maravilhas - e há mesmo períodos assim -também há riscos. Se nos deixamos iludir pelo ego, pela competição, pela exibição e pelo *nonsense* de que somos o supra-sumo, ou que as coisas serão eternamente assim... apanhamos uma queimadura de grau máximo!

Então é para ser pessimista?

NÃO! É para estar alerta e consciente dos ciclos. Logo após o Verão vem o...

Que semente você planta no Verão?

OUTONO

Às vezes, o Outono é suave, porém sempre vemos as folhas caírem, a luz começa a diminuir e as viroses a aumentar. Ficamos nostálgicos com o fim do Verão e a expectativa do Inverno que se aproxima - esse momento é crucial.

Tem aviso no ar. As coisas já não parecem tão excitantes e excitadas como antes, uma dor aqui, um mal-estar lá, uma briga aqui, uma falha lá, um investimento ruim... nada desesperador, mas bons sinais de que você precisa corrigir o terreno e cuidar das sementes. O Outono prenuncia o Inverno... ele vem mesmo. Por mais que você não queira, vem.

Eu sei que em alguns países quase não há Inverno, mas há. Dentro dos padrões daquele lugar, as temperaturas não baixam muito, ainda assim é Inverno. Assim como para nós. Se somos mais preparados, temos Invernos amenos. Se não somos e vivemos como vítimas e não como autores de nossa existência, os Invernos são mesmo rigorosos.

Toque de recolher total.

O INVERNO

A pior época do ano. Tudo frio, pouca luz, as árvores ficam secas, a grama desaparece, as pessoas andam cabisbaixas, com muita roupa e pouco sorriso.

Na sua vida veio a demissão, perdeu dinheiro, rompeu o relacionamento, a saúde gritou, sente-se sozinho(a), perdeu coisas e/ou pessoas importantes, se sente sem energia e com pouca esperança.

Energia baixa.

Uma tragédia para o hemisfério norte e uma tragedinha para o hemisfério sul, que, não podemos esquecer, tem clima ameno. Porém, não escapa dos furacões e das tempestades avassaladoras.

Então estou querendo dizer que todos teremos Invernos, momentos péssimos, onde tudo vai abaixo e *that's it*? Sim, também quero dizer isso, mas quero dizer muito mais; quero dizer que teremos, nesse momento, a grande chance de escolher entre dor e sofrimento. Podemos, nesse momento, entender todo o processo e mudar o que precisa ser mudado, ou podemos escolher o sofrimento e deixar passar essa grande oportunidade de mudar para os trópicos.

No Inverno também colhemos coisas preciosas que só nascem e crescem nessa estação. As colheitas de Inverno também são poderosas e valiosas. Você pode escolher entre sofrer o Inverno ou aproveitar o Inverno para preparar a Primavera e o Verão.

Assim como na natureza, em nossas vidas os ciclos são idênticos. Em alguns anos, o Verão é fraco, o Inverno rigoroso; e noutros, o Verão é intenso e o Inverno quase não se percebe.

Dizem que, na natureza, tudo tem a ver com o efeito estufa, camada de ozônio, mas isso também acontece com você. Se você plantou as sementes certas e cuidou de seu sistema de auto-sabotagem, poderá ter períodos mais amenos, ainda que, eventualmente, tenha uns períodos mais difíceis mesmo.

Os ciclos em nossa vida não são trimestrais. Ainda bem, ou ainda mal, porque o bem duraria pouco, mas o mal também. Podemos ter longos Invernos e Verões curtos. Tudo depende de nossas crenças. Você pode passar toda uma vida praticamente tranquilo, eu diria inconsciente, e aos 50 anos acordar para uma frustração sem fim. Uns vivem em ciclos curtos, outros em ciclos longos.

Não preciso relembrar que somos seres absolutamente únicos nesse imenso universo. Seres à procura de respostas. Seres à procura de dominar o mundo. "O homem que domina a si mesmo, domina o mundo" - porque será que alguém muito sábio disse isso?

Seria tão difícil desligar esse sistema de auto-sabotagem? Seria tão difícil viver para si mesmo(a) e parar de competir e de se comparar com os outros? Seria tão impossível controlar o ego? Será uma completa utopia/fantasia descobrir um modo de comunicação com o universo? Será um verdadeiro absurdo achar o livro de respostas (da vida)?

Finalmente...

RESISTÊNCIA

Quando enfrentamos uma situação difícil - daquelas bem difíceis mesmo -, existe sempre um fator que torna tudo milhares de vezes mais difícil e pesado, não sei se você já percebeu. Seja qual for o problema que você está enfrentando agora, eu tenho a certeza que a parte mais pesada dessa situação vem da resistência. Sim, da resistência que você tem em aceitar a situação tal como se apresenta. O grande peso vem da sua indignação, resistência, desejo de mudança, inconformismo. Essa energia absurda que você usa indo contra os fatos pode estar se tornando muito pior e mais pesada que o problema em si mesmo.

Aceite! Pura e simplesmente aceite as coisas como elas são. Não porque você é um(a) conformista, alguém sem garra ou sem força para lutar, mas por ser inteligente.

Aceitar não quer dizer, de forma alguma, submeter-se. Você aceita a situação tal como se apresenta - não fica investindo energia boa em coisa ruim, como, por exemplo, tentar mudar o cenário, por mais fatídico que seja.

Não fica tentando lutar contra um despedimento do trabalho - falando disso um milhão de vezes sem parar -, ruminando, etc. Você aceita que o universo quer outra coisa para você – inovar, reinventar.

Aceite que seu/sua parceiro(a) não te quer mais - ou que você não o(a) quer mais. Não fique tentando reconquistar, forçando as coisas - liberte ou liberte-se. Dói? Dói, sim... mas ensina. Ensina a valorizar - ensina a aproveitar a Primavera e o Verão da vida. Mas aceite - outros amores virão. O romance acabou, mas a vida não!

Por norma, principalmente nesse setor das relações afetivas, a não-aceitação costuma causar grandes desgastes e sofrimentos. Essa tentativa de reconquista quase sempre leva a um maior afastamento. As relações afetivas são muito sensíveis a tudo que possa significar pressão, e a tentativa de reconquistar o(a) parceiro(a) quase sempre vem com um grande grau de pressão, que acaba por afastar ainda mais o objeto de seu amor.

Se houve traição, então a coisa se complica ainda mais porque, muitas vezes, o ego está no comando desse desejo de reconquista apenas para se vingar, mesmo que você não tenha a menor consciência disso. Raramente uma relação sobrevive a uma traição, a não ser que ambos sejam muito liberais; fica sempre uma marca, uma dor, um aspecto sombrio mal resolvido, que gera desconfiança e tira a paz. Quebra de confiança - ainda não sei como se repara.

Mesmo que seja um grave problema de saúde - aceite. Não quero dizer: não se trate. Digo apenas: aceite. OK, aconteceu. Agora, o que podemos fazer? Ruminar, retrucar, resistir - tudo isso gasta energia à toa. Aceite, confie, deixe para trás.

Não tente entender o que, às vezes, não tem entendimento. Não deixe de entender aquilo que está evidente. Aceite, que com certeza dói menos. Faça o teste. Mude a senha... Progresso.

Tudo que eu tentei transmitir aqui foi uma visão muito pessoal do contexto das coisas e dos dilemas da vida. Tenho eu alguma fórmula mágica? Não, claro que não. Me pego também, cometendo os mesmos erros. Sim, confesso que no passado fazia exatamente isso. Mas sempre acreditei no poder absoluto que temos sobre tudo que diz respeito à nossa existência. Sempre acreditei que somos senhores do destino. Sempre me movimentei na vida nesse sentido.

Na minha experiência pessoal e pública pude sentir a dor das pessoas que, ao pensarem ter sua vida nas mãos de outra pessoa, estavam totalmente frágeis, reféns. Uma dor profunda e real. Nunca me conformei com isso, mas precisava encontrar uma forma de sacudir essas pessoas e colocá-las no lugar em que merecem estar - NO COMANDO. Para isso, o elemento fundamental chama-se CORAGEM.

Coragem de se confrontar.

Coragem de se autoconhecer.

Coragem de encarar, virar, assumir e mudar.

Falei sobre medo e não foi à toa. As pessoas têm muito medo de tudo, principalmente de dar certo, de serem felizes. A zona de conforto de responsabilizar os outros PELA

FORMA COMO VOCÊ SE SENTE é muito usada, porque nos poupa muito trabalho. Entendo. Mas, entretanto, não nos favorece em nada, porque, afinal, as lágrimas no travesseiro são suas - apenas suas.

Pare de lamentar a vida e comece a viver a vida. A vida, às vezes, é engraçada, às vezes nem tanto. Mas, bolas, estou vivo, ainda não parei, ainda tenho muita coisa para viver, e isso é apenas mais um Inverno. Tenho em minhas mãos o poder absoluto sobre essa situação.

Ninguém é um problema para mim. Eu sou a solução.

Somos seres de hábitos e repetição. Tudo que eu disse aqui, se você achar que vale a pena ser lembrado, ser testado, ser modificado em sua visão de vida, pode ser facilitado com uma pequena alteração que funcionará como um mantra a nível consciente e inconsciente para você.

Mude a senha! Como? Vivemos na era das senhas - senha do *email*, do cartão ATM, da Amazon, etc., etc. Que tal você alterar agora a sua senha? Que tal uma senha que represente esse momento de redefinição da sua visão sobre os desafios da vida? Qua tal uma senha que faça você lembrar que pode decidir e escolher as situações que deseja enfrentar? Uma senha legal, que lhe dá força, que seja a solução?

@estounocomando

Fim.

www.ingramcontent.com/pod-product-compliance
Lightning Source LLC
Chambersburg PA
CBHW051702040426
42446CB00009B/1265